## はじめに

　イタリアには20の州があり、その土地に住む人たちはその土地の郷土料理が世界で一番！と誇りに思っています。また、イタリアの外食産業では日本料理や中華料理をはじめ他国の料理店ももちろんありますが、メインはイタリア料理。そのイタリア料理店は、高級なリストランテ、カジュアルなトラットリア、食堂的なオステリア、またピザ専門のピッツェリアと分かれています。

　僕が経営するのは、そのなかのオステリアというジャンルの店です。軽く食べに来る人からがっつり食べる人、ワインを楽しみがら過ごす人など、気軽に足を運び、気楽に食事をしていただいています。そしてメニューは肩ひじ張らなくて、ご自宅にいるような気分で召し上がっていただけるものばかり。

　そんなイタリアンを、ぜひご自宅でも作っていただきたいと思い、この本をしたためました。

　冷蔵庫にありそうな食材と買い置きしてありそうな調味料、近所のコンビニやスーパーで買える材料でアレンジしています。そして、時間がなくてもすぐに作れる簡単レシピ、作り置きも可能なメニューも揃えています。

　イタリアの多くの家庭では、マンマ（お母さん）が時間をかけて夕食の支度をしますが、日本の現代社会ではそんなわけにはなかなかいきませんよね。本書は時短、作り置き、簡単を心がけています。仕事や子育て、家事で忙しい方、帰りが遅い方、なかなかゆっくりお料理ができなくても、この1冊で日々の食卓が楽しく、幸せな時間になりますように！

オステリア ラ ブーカ ディ ミタ

### 横山修治

# 知っておこう、イタリアの調味料

## Condimento Italiano

日本に味噌や醤油という独自の調味料があるように、世界各国にもさまざまな独自の調味料があります。

イタリアは特にイタリアの特産物や加工・保存食品として製造されたものを食べるだけでなく、調味料的にも使うのが特徴です。

たとえば、イタリアといえばトマト。もちろん日本のようにサラダとして食べることもあります。とても多くの種類があり、ミニトマトのようなチェリートマトなどは、パスタのソースや加熱する野菜料理の味付けに使われます。同様に、特産物的なものでよく知られているのが、アンチョビやチーズ。こちらは保存食品でもあり、そのまま食べられるものでもあり、またアンチョビ風やチーズのソースなど、調味料的にも使用されています。ほかにも、バルサミコ酢、ボッタルガ（カラスミ）、乾燥ポルチーニ茸、オリーブの瓶詰、またフレッシュハーブ各種など。オリーブオイルもそう。サラダには欠かせませんし、味のアクセントとしてお料理の仕上げに回しかけたりします。

このほか、日本の日本酒同様に隠し味的調味料としてワインを使ったり、地元の食肉を地元の高級ワインで煮込む料理もあります。また、シチリア島では甘口の酒精強化ワインのマルサラ酒が造られています。これは料理にもドルチェ(お菓子)にも、イタリア全土で幅広く使われています。

このほか、ワインビネガーやドライハーブ、タカノツメ、ハチミツ、バター、サフラン、アッラガルム（魚醤）、生ハムやパンチェッタ（ベーコンやハム類）やオイル漬けの野菜やキノコなどなど。調味料と言えないとしても、お料理の味の決め手になる材料はたくさんあります。こういったものをお土産でいただいたり、また外国食材をたくさん扱うスーパーマーケットなどで見つけたら、ぜひ購入して、この本で紹介しているレシピを応用して作ってみてください。

# 作っておこう、3つのソース

## ガーリックオイル
## 唐辛子オイル

**イ**タリアの一般家庭でニンニクを熱して使うときには、みじん切りやスライス、もしくはたたいてつぶしたニンニクをオリーブオイルと一緒にフライパンに入れて火をつけ、弱火でじっくり香りを出しています。でも、僕の店のように大量に使う場合には作り置きしておくととても便利。冷蔵庫に入れておけば1カ月くらいは使えるので、日々忙しい人には作り置

きをオススメします！

**ま**た、日本ではタバスコがポピュラーですが、イタリアではパスタやピッツァにタバスコをかけることはまったくありません。辛さが必要なときは唐辛子オイルを使います。どちらかというと、ラー油に近いものです。これも作っておくと便利。冷蔵庫で保存すれば、ガーリックオイルよりも長く、2カ月くらいは使えます。

## Olio all'aglio
ガーリックオイル

## Olio di Peperoncino
唐辛子オイル

‖ 作り方 ‖
❶ ニンニクのみじん切り1片分に対し、オリーブオイルカップ1/4の割合でフライパンに入れ、中火で加熱する。
❷ ニンニクの香りが出てきたところで出来上がり。
❸ 冷まして保存容器に入れて冷蔵庫で保存する(1カ月を目安に保存可能)。

‖ 作り方 ‖
❶ みじん切りにした唐辛子1本分に対し、オリーブオイルカップ1/4の割合でフライパンに入れ、弱火で加熱。
❷ 沸騰させないように火を調節しながら、赤い色を出していく。
❸ オイルの色が、ラー油のような赤色になったら出来上がり。
❹ 冷まして保存容器に入れて冷蔵庫で保存する(2カ月を目安に保存可能)。

# トマトソース

**イ**タリアンといえばトマトソース味！ そう連想する人はたくさんいます。そのとおり、トマトソースはイタリアンの代名詞です。イタリアでは、トマトがたくさん収穫できる夏のうちに、一年分の水煮トマトやトマトソースにして保存しておきます。

日本でもトマトソースを作っておくと、いろいろなものに応用できますが、一年分を作るのはちょっと大変ですから、ときどき作っておくと便利です。使うのはサンマルツァーノという種類のトマト。最近は日本でもこの種のトマトを見かけるようになりましたが、フレッシュトマトからソースを作るのは手間がかかるので、ここではトマトの水煮缶を使い、フレッシュなトマトも加えます。

**ト**マトソースはシェフや家庭によって作り方がいろいろです。本書で紹介するのは僕流の作り方です。味を調整し、いろいろな工夫をして、お好みの味を作ってください。

# Salsa di Pomodoro
トマトソース

## ‖ 材料 ‖

| | |
|---|---|
| ホールトマト | 400g（1缶） |
| フレッシュトマト（小） | 1個 |
| タマネギ（細切り） | 1/2個 |
| 水 | カップ1/2 |
| 塩 | 大さじ1 |
| 砂糖 | 少々 |
| オリーブオイル | 大さじ3 |

## ‖ 作り方 ‖

❶ 鍋にオリーブオイルとタマネギを入れ、とろとろになるまで弱火で炒める。

❷ ホールトマトと水を加え、トマトが煮崩れるまで加熱する。

❸ フレッシュトマトを刻んで加え、さらに30分程度弱火で煮込む。

❹ 塩と砂糖を加えて味を調える。

❺ 冷ましてミキサーにかけてなめらかにする。

❻ 保存容器に入れて、冷蔵庫で保存する（4日を目安に保存可能）。

# 目 Sommario 次

# ごはん 17

# おつまみ 13

## 本書の使い方

●一般的に冷蔵庫や食材庫にありそうな食材や調味料を使っています。代用できる食材がある場合は、各ページの材料の欄に記載しています。

●本書は、作り置き、ごはん、おつまみの 3 つのジャンルに分けて、レシピを紹介していますが、来客時のおもてなしやお弁当のおかずにするなど、いろいろなシーンで、自由に組み合わせて楽しんでいただくこともできます。

●レシピの分量については、1 人分または作りやすい最小量で記載しています。使用する材料の量や作りたい人数分によって分量を調整してください。

●作り置き料理の日持ち日数については、冷蔵庫で保存して 4 日間を目安にしてください。それ以上に日持ちがするものについては、各ページに記載しています。

●本書では以下のような調味料を主に使っています。いずれも比較的楽に入手できるものなので、そろえておくと便利です。

- 塩（岩塩や海塩がオススメ）
- コショウ（粗挽きブラックペッパー）
- オリーブオイル
- アンチョビ
- タカノツメ
- ワインビネガー（→酢でも代用可）
- 固形スープの素
- ドライハーブ

# 作り置き

## 23
### Ricette

パスタに代表されるように、イタリアンでは作り立てを
食べるイメージがあるかもしれません。
そんなことはありません！
イタリアンの調理法でも簡単に
作り置きができるんですよ。
食卓のおかずに、お酒のおつまみに、
またお弁当にと、幅広く活用してくださいね。

※作り置きの日持ち日数については、
冷蔵庫で保存して4日を目安にしてください。

# Antipasto

## マリネ盛り合わせ

作り置きのマリネ類を
盛り合わせて
素敵なアンティパスト・
ミストに!!

ニンジンサラダ P.14

白身魚のマリネ P.12

タコのマリネ P.13

# Misto

パスタのクスクス風 P.17

エビのオレンジマリネ P.16

豆のサラダ P.15

南米料理とされていますが、イタリア修業時代に
シェフから教わったセビーチェというマリネ料理。
うちの店でもファンが多い一品。
タマネギの甘みとレモンの酸味が絶妙です。

# 白身魚のマリネ
## （セビーチェ）

写真は4人分

# Pesce
# Marinata

## ‖ 材料 ‖（1人分）

白身魚刺身.........................4切れ
タマネギ.............................1/8個
レモン汁............................1/4個分
塩........................................少々

## ‖ 作り方 ‖

❶白身魚を2センチ角を目安に切る。
❷タマネギは繊維に沿ってスライス
　する。
❸①と②をボウルに入れ、塩とレモン
　汁を加えて混ぜ、冷蔵庫で冷やす。

# タコのマリネ

写真は4人分

## Polpo Marinata

世界でタコを食べるのは日本だけとも
言われていますが、ナポリを中心に南イタリアでも
食べられています。切った茹でタコを
ガーリックオイルで混ぜるだけ。
本当に手軽な一品です。

‖ 材料 ‖（1人分）

茹でタコ............................足1本分
　　　　≫ イカ、エビ（加熱済）でもOK
ガーリックオイル（P.4）........大さじ1
塩............................................少々

‖ 作り方 ‖

❶ 茹でタコはぶつ切りにする。
❷ ①をガーリックオイルで和え、塩で
　味を調える。

フレンチならキャロットラペですが、
甘みはハチミツ、酸味はレモン、
レーズンとナッツ類を
入れてシチリア風に仕上げました。

# ニンジンサラダ

写真は4人分

## Insalata di Carote

|| 材料 || (1人分)

ニンジン（細切り）.................. 1/2本
スライスアーモンド............. 小さじ1
レーズン............................. 小さじ1
[ドレッシング]
オリーブオイル .................. 大さじ1
レモン汁............................. 小さじ1
ハチミツ............................. 小さじ1
塩........................................ 少々

|| 作り方 ||

❶ ボウルにニンジンとスライスアーモンド、レーズンを入れてよく混ぜる。

❷ ドレッシングの材料を器に入れ、泡立て器でよく混ぜる。

❸ ①と②を混ぜる。

イタリア人は豆類をとてもよく食べます。
日本でも最近はパック入りや缶詰の豆類が
簡単に入手できるようになりました。
買い置きしておいて、バジルがあるときに
パッと作ってみましょう。

# 豆のサラダ

写真は4人分

Insalata di
Fagiolo

|| 材料 || (1人分)

豆（ひよこ豆やインゲン豆）........ 30g
ツナ缶（小）............................ 1/2缶
バジルの葉 .................................... 1枚
　　　　　≫ パセリや玉ねぎでもOK
オリーブオイル .................... 小さじ1
塩 .................................................. 少々

|| 作り方 ||

❶豆類は、乾燥タイプなら戻して茹
　でておき、サラダ用はそのまま利用
　する。

❷①の豆をボウルに入れ、油や水分
　を切ったツナと、粗みじん切りにし
　たバジルを入れる。

❸塩をふり、オリーブオイルをかけ、
　よく混ぜる。

イタリアでは
柑橘類が調味料になることがしばしば。
オレンジの実も一緒にマリネして、
爽やかな一品で食卓を彩ってください。

# エビのオレンジマリネ

写真は4人分

## Insalta di Gamberi all'Arancia

‖ 材料 ‖（1人分）

むき小エビ.............................10尾
オレンジ.............................1/4個
イタリアンパセリ.....................適量
[マリネ液]
オレンジ汁.........................1/4個分
オリーブオイル....................大さじ1
ワインビネガー....................大さじ1
塩・コショウ.........................少々

‖ 作り方 ‖

❶ マリネ液の材料を合わせる。

❷ 大さじ2のお湯（分量外）にエビを
入れて蒸し煮にし、粗熱をとった
ら、マリネ液に茹で汁ごと入れる。

❸ オレンジの実を加え、冷蔵庫で冷
やす。イタリアンパセリを飾る。

パスタを茹ですぎた、
パスタソースを作りすぎたというときに、
ぜひオススメしたいのがコレ！
お弁当の片隅に、箸休めの一鉢に、
またサラダに添えてと、使い勝手のいい一品です。

# パスタのクスクス風

写真は4人分

Couscous di Pasta

|| 材料 || （1人分）
茹でたパスタ ............................ 30g
ミートソース ..................... カップ1/2
|| 作り方 ||
❶ パスタをフードプロセッサーにか
　け、米粒状にする。
❷ ①にパスタソースを和える。

# ディップ盛り合わせ

食事前のおしゃべりタイム。
クラッカーや野菜スティックと
一緒にどうぞ！

たくあんディップ P.21

みそディップ P.22

ケッカのブルスケッタ P.20

ツナディップ P.23

オリーブペースト P.24

オリーブペーストのブルスケッタ P.24

# Per Aperitivo!

材料や作り方はとてもシンプル。
作っておくと、
いろいろなものに応用できる
作り置きソースです。

# ケッカソース

写真は4人分

## Salsa di Checca

‖ 材料 ‖（1人分）

| | |
|---|---|
| トマト（小）（粗みじん切り） | 1個 |
| バジルの葉 | 2枚 |
| | ≫ドライでもOK |
| ニンニク（みじん切り） | 1/2片 |
| オリーブオイル | 大さじ1 |
| 塩 | 少々 |

‖ 作り方 ‖

❶トマトとニンニク、細かく刻んだバジ
ルをボウルに入れる。

❷塩で味を調え、オリーブオイルを加
えてよく混ぜる。

意外や意外、クリームチーズを使うと、
日本独特の食材や食品が、
イタリア風の一品に！
作り置きができるので、サラダに添えたり、
クラッカーにのせておつまみにどうぞ。

# たくあんディップ

# Stuzzichini Giapponesi di Takuan

‖ 材料 ‖
たくあん（5ミリ角切り）........... 4切れ
クリームチーズ .................. 大さじ2
‖ 作り方 ‖
❶ たくあんとクリームチーズをよく混ぜる。

みそがイタリアンに！
意外な一品ですが、
塩気がある分、野菜との相性はばっちり。
ドレッシング代わりにして、
もりもり野菜を食べてください。

# みそディップ

## Stuzzichini Giapponesi di Miso

|| 材料 ||
クリームチーズ ................... 大さじ2
みそ ................................ 小さじ1
|| 作り方 ||
❶器にクリームチーズとみそを入れ、
　よく混ぜる。

イタリアではホワイトソースを
ベシャメルソースといいますが、
それと冷蔵庫にありそうな食材を混ぜるだけで、
とても美味しいおつまみに
大変身します。

# ツナディップ

## Stuzzichini Giapponesi di Tonno

|| 材料 ||

市販のホワイトソース............1/2缶
ツナ缶................................小1個
ケイパー............................小さじ1
チーズ（サイコロ状）................30g
イタリアンパセリ.....................2本
白コショウ............................適宜

|| 作り方 ||

❶ツナ缶、ケイパー、チーズ、イタリアンパセリ、白コショウをフードプロセッサーにかける。

❷①とホワイトソースを合わせてよく混ぜる。

|| ベシャメル（ホワイト）ソースの簡単な作り方 ||

❶オリーブオイル（大さじ1）を鍋またはフライパンに入れて熱し、小麦粉（大さじ1）を加えて、焦がさないように素早く混ぜる。

❷牛乳（カップ1/2）と塩少々を加え、鍋底が焦げないように気をつけながら、中火でとろとろになるまで加熱する。最後にナツメグ（少々）を加える。

種抜きオリーブをフードプロセッサーに
かけるだけの、簡単ペースト。
クラッカーやパンと一緒にいただくほか、
サラダのドレッシング代わりにも使えます。

# オリーブペースト

Patè di Olive

‖ 材料 ‖
黒＆緑オリーブ（種なし）........... 8粒
ケイパー ......................小さじ1/2
アンチョビフィレ .....................1切れ
オリーブオイル ................... 大さじ1

‖ 作り方 ‖
❶材料をすべてフードプロセッサー
にかけ、ペースト状にする。

# 煮込みおつまみ盛り合わせ

休日、ゆったり過ごす午後のおともに。

Per il Pomeriggio delle Vacanze

豆の煮込み P.26

豚肉のリエット P.28

インゲンとベーコン煮込み P.29

魚のリエット P.27

イタリア版煮豆。出汁と塩気はベーコンで、
タマネギで味の深みと甘みをプラスし、
トマト味で煮込みます。
おかずにもおつまみにも、
パンにはさんでもいただけます。

# 豆の煮込み

写真は4人分

## Fagioli in Umido

### ‖ 材料 ‖（1人分）

| | |
|---|---|
| 市販のサラダ豆 | 1袋 |
| タマネギ（細切り） | 1/8個 |
| ベーコン（細切り） | 1/2枚 |
| オリーブオイル | 大さじ1 |
| トマトソース（P.5） | 大さじ2 |
| パルメザンチーズ | 小さじ1 |
| 水 | カップ1/4 |
| 塩・コショウ | 適宜 |

### ‖ 作り方 ‖

❶ 鍋にタマネギとベーコン、オリーブオイルを入れ、弱火で炒める。

❷ 豆を加えて5分くらい炒める。

❸ トマトソースと水を加え、10分煮る。

❹ 塩・コショウで味を調え、最後にパルメザンチーズをふる。

※本書では、一般に売られている粉チーズをパルメザンチーズと表記しています。

パテとは違い、魚の身の食感を残すリエット。
そのままでつまんでもよし、
パンやクラッカーにのせてもよし、
サラダに添えてもよし。
魚のうまみたっぷりの一品です。

# 魚のリエット

写真は4人分

# Rillettes di Pesce

‖ 材料 ‖（1人分）
白身魚（一口大）...................... 100ｇ
タマネギ（細切り）................... 1/8個
オリーブオイル ......................... 適量
塩・コショウ ........................... 適量

‖ 作り方 ‖
❶ 小さじ1程度のオリーブオイルをフライパンで熱し、タマネギをゆっくり弱火で炒める。
❷ タマネギに十分火が通ったら、白身魚（皮は除く）を入れ、かぶるくらいの水（分量外）を注ぎ中火で加熱する。
❸ 途中水を足しながら、魚の身がほぐれるまで煮る。
❹ 身がほぐれ、水分がなくなったところで、塩・コショウで味を調え、オリーブオイルをゆっくり入れながらよく混ぜ、乳化させる。
❺ 好みでピンクペッパー（分量外）をのせる。

パテやテリーヌとは違い、
リエットは肉の味わいや食感をより楽しめます。
本来はラードで煮込みますが、
もっと手軽に水で煮込んで作ります。

# 豚肉のリエット

写真は4人分

# Rillettes di Maiale

‖ 材料 ‖（1人分）

豚バラブロック（一口大）..........100g
　≫ 豚バラスライスでもOK
タマネギ（細切り）.................1/8個
オリーブオイル........................適量
塩・コショウ...........................適量

‖ 作り方 ‖

❶ 小さじ1程度のオリーブオイルをフライパンで熱し、タマネギをゆっくり弱火で炒める。

❷ タマネギに十分火が通ったら、豚バラ肉を入れ、かぶるくらいの水（分量外）を注ぎ中火で加熱する。

❸ 途中水を足しながら、肉の身がほぐれるまで煮る。

❹ 身がほぐれ、水分がなくなったところで、塩・コショウで味を調え、オリーブオイルをゆっくり入れながらよく混ぜ、乳化させる。

日本ではフレッシュな食感の野菜を
好む傾向がありますが、イタリアでは驚くほど野菜に
火を通します。これもそのひとつ。
やわらかくて甘いインゲンを楽しめます。

# インゲンとベーコン煮込み

写真は4人分

## Fagiolini in Umido

|| 材料 || (1人分)

インゲン......................................50g
タマネギ（細切り）...................1/8個
ベーコン（細切り）.......................1枚
オリーブオイル....................大さじ1
水...............................カップ1/4
塩...........................................少々

|| 作り方 ||

❶ フライパンにオリーブオイルを熱し、タマネギとベーコンを炒める。

❷ インゲンを入れて、油になじませたら、水を入れ、やわらかくなるまで煮る。

❸ 最後に塩で味を調える。

# 炒めものの盛り合わせ

作り置きの炒めものはおかずにも、
おつまみにも、お弁当にも!!

タコキャベツ P.35

ブロッコリーの
アンチョビガーリック P.34

ピリ辛エビ P.33

カリフラワーのアーリオオーリオ
ペペロンチーノ P.32

小松菜シラス炒め P.31

Molto Comdo!

ナポリを中心に、
南イタリアではシラスが使われます。
シラスは冷凍保存もできる便利食品。
ガーリックオイルで炒めて
作り置きしておきましょう。

# 小松菜シラス炒め

写真は4人分

Spinaci Selvatiche
Giapponese e
Bianchetti
in Padella

‖ 材料 ‖（1人分）
小松菜（5センチに切る）............3株
シラス ............................... 大さじ2
ガーリックオイル（P.4）........ 大さじ1
塩 ..................................... 少々

‖ 作り方 ‖
❶ フライパンにガーリックオイルを
　熱し、小松菜とシラスを入れてよく
　炒め、塩で味を調える。

# カリフラワーのアーリオ オーリオペペロンチーノ

写真は4人分

## Cavolfiore al Aglio Olio Peperoncino

ガーリックオイルに
唐辛子をプラスした、
いわゆる「ペペロンチーノ」。
同じ炒めものでも、
辛いものが好きな人は
このアレンジで!

▌▌ 材料 ▌▌（1人分）

カリフラワー（一口大）.............1/4個
ガーリックオイル（P.4）.......大さじ2
唐辛子オイル（P.4）.........小さじ1/2
塩................................................少々

▌▌ 作り方 ▌▌

❶ カリフラワーは、塩ひとつまみ（分
量外）加えたお湯で茹で、水気を
切る。

❷ フライパンにガーリックオイルと唐
辛子オイルを熱し、①を加えて炒
め塩で味を整える。

エビ＋トマトソースは絶妙な組み合わせ！
ピリ辛の味付けで、
ごはんにも、ビールにも、
そしてワインにも合う、万能な一品です。

# ピリ辛エビ
## （ガンベレッティ・ピカンテ）

写真は4人分

Gamberetti
in Salsa Picante

‖ 材料 ‖ （1人分）

むき小エビ ............................. 10尾
タマネギ（みじん切り）............ 1/8個
プチトマト（粗みじん切り）.........3個
ニンニク ............................. 1/2片
イタリアンパセリ（みじん切り）.........
.................................................適宜
唐辛子（粉）.................... ひとつまみ
オリーブオイル ................... 大さじ1
　≫ ガーリックオイル（P.4）と
　唐辛子オイル（P.4）でもOK
塩............................... ひとつまみ

‖ 作り方 ‖

❶ フライパンに、タマネギとつぶした
　ニンニク、唐辛子、オリーブオイル
　を入れて熱する。
❷ トマトを加え、火が通ったら、塩で
　味を調える。
❸ エビとイタリアンパセリを加えて、
　2～3分炒める。

# ブロッコリーの アンチョビガーリック

写真は4人分

Broccoli
al Aglio
Acciughe

ガーリックオイルにアンチョビを加えた
味付けは、日本で人気のバーニャカウダ風。
いろいろな野菜にもよく合ううえ、
パスタやリゾットなどにも応用できます。

‖ 材料 ‖（1人分）
ブロッコリー（一口大）............1/4個
アンチョビフィレ......................1切れ
ガーリックオイル（P.4）........ 大さじ2
‖ 作り方 ‖

❶ ブロッコリーは、塩ひとつまみ（分
　量外）加えたお湯で茹で、水気を
　切る。
❷ フライパンにガーリックオイルとち
　ぎったアンチョビフィレを熱する。
　アンチョビフィレは熱するとだん
　だん溶けていく。
❸ ②に①を加え、炒める。

アンチョビガーリック風味には、
甲殻類もよく合います。
野菜とタコやイカ、エビなどを
組み合わせて作ってみましょう。

# タコキャベツ

写真は4人分

## Polpo e Cavolo in Padella

‖ 材料 ‖（1人分）
茹でタコ（一口大）...........足1本程度
キャベツ（一口大）.................1/8個
ガーリックオイル（P.4）.......大さじ2
アンチョビフィレ.....................1切れ
塩...............................................少々

‖ 作り方 ‖
❶ フライパンにガーリックオイルとち
   ぎったアンチョビフィレを熱する。
   アンチョビフィレは熱するとだん
   だん溶けていく。
❷ 茹でタコとキャベツ、塩を入れて、
   キャベツが火に通るまで炒める。

## シラスの卵蒸し
### （スフォルマート）

**‖ 材料 ‖（1人分）**

卵 ......................................................1個
牛乳 ..............................................カップ1/2
シラス ...........................................大さじ2
塩・コショウ ................................適宜

**‖ 作り方 ‖**

❶ 卵をよく溶き、牛乳を加えてよく混ぜる。

❷ シラスを加えてよく混ぜたら、耐熱皿に流し入れる。

❸ 130度に温めたオーブンで、表面がプルンプルンと固まるのを目安に30分程度焼く。

日本風にいえば茶碗蒸しですが、
イタリアでは蒸さずにオーブンで焼いて作ります。
シラスの代わりに野菜や炒めたひき肉、
明太子や海苔など、具は冷蔵庫にあるものでアレンジしましょう。

写真は4人分

# Sformarto di Bianchetti

36

‖ 材料 ‖（1人分）

パン............................................ 60g
牛乳............................................ カップ1
レーズン...................................... 40g
ラム酒........................................ 大さじ2
グラニュー糖............................ 大さじ4
卵................................................ 1個
バター........................................ 20g

‖ 作り方 ‖

❶ パンをちぎって牛乳に、レーズンは
　ラム酒に浸す。

❷ 溶き卵にグラニュー糖を入れてよ
　く混ぜる。

❸ ①と②、溶かしバターを合わせ、耐
　熱皿に流し入れる。

❹ 160度のオーブンで20～30分焼く。

# パンのケーキ

少しパンが残っている、というときにぜひオススメのケーキです！
混ぜて焼くだけの簡単ケーキ。
食べ始めたら止まらない美味しさです。

Torta di Pane

写真は4人分

|| 材料 ||（4人分）
卵............................................2個
グラニュー糖 .......................大さじ9
リンゴ........................................1個
レモン汁................................小さじ1
牛乳 .................................カップ1/2
小麦粉 ..........................カップ1・1/4
ベーキングパウダー.............小さじ4
オリーブオイル .................カップ1/2

|| 作り方 ||

❶ 卵とグラニュー糖をクリーミーに
  なるまで泡立てる。

❷ リンゴをサイコロ状に切って、レモ
  ン汁をかけておく。

❸ 牛乳、小麦粉、ベーキングパウダー、
  オリーブオイルをよく混ぜる。

❹ ①、②、③を手早く混ぜ合わせ、型
  に流し入れる。

❺ 180℃に温めたオーブンで、45〜
  50分焼く。途中、表面が焦げないよ
  うに、焼き色がついたらアルミホ
  イルをかける。

❻ 食べるときは、粉砂糖やジャム、ホ
  イップしたクリームなどをお好み
  で添える。

# リンゴのケーキ

デザートのように見えますが、
実は、イタリアの友人宅の朝食メニュー。
イタリアの朝ごはんには甘いケーキも定番です。
オリーブオイルを使ってとても軽く仕上がっています。

# Torta di Mele

# ごはん

## 17

### Ricette

前菜、プリモピアット（第一のお皿）、
セコンドピアット（第二のお皿）、
そして最後にデザートが出てくるイタリアの食事。
そのなかで、日本人にとって
"ごはん"になりそうなメニューを
ピックアップしました。
スープや野菜料理は、
パンと一緒に召し上がってください。

## 材料 (1人分)

冷ごはん ..................... 茶わん1杯分
アンチョビフィレ ..................... 2切れ
菜の花（2センチに切る）............ 2株
プチトマト（粗みじん切り）.......... 2個
ガーリックオイル（P.4）........ 大さじ1
水.................................. カップ1弱

## 作り方

❶ フライパンにガーリックオイルとちぎったアンチョビを入れ、弱火にかける。
❷ アンチョビが溶けたころに菜の花を入れ、さっと炒めたら、水を加える。
❸ 冷ごはんを加えて、よく混ぜる。
❹ 器に盛り、トマトを飾る。

# アンチョビ風味のリゾット

絶妙な塩分と魚の出汁をしっかり感じながらも、
あっさりと体に優しい味わい。
体をいたわるリゾットです。
他の野菜でもアレンジできます。

# Risotto al Acciughe

切って並べて焼くだけの簡単メニュー。
トマトとチーズがあればそれでOK。
おかずにも、おつまみにもなる
手軽な一品です。

# トマトのオーブン焼き

‖ 材料 ‖ (1人分)

トマト（大）（くし形）.................1個
シュレッドチーズ.................大さじ4
　　　》スライスチーズでもOK
オリーブオイル .........................少々
塩・コショウ ...........................少々

‖ 作り方 ‖
❶ 耐熱皿にオリーブオイルを塗る。
❷ トマトを皿に並べる。
❸ 塩・コショウをふる。
❹ チーズを上にかける。
❺ 200℃のオーブンで
10分加熱する。

## Pomodoro al Forno

# 夏野菜のシチュー
## （チャンボッタ）

チャンボッタは、トマトの水分と少量の水で
夏野菜を蒸し煮にした南イタリアのお料理です。
野菜たっぷり体にやさしい味わい。
疲れた体をいたわりたいときにぜひ！

# Ciambotta

‖ 材料 ‖（1人分）
ニンニク（みじん切り）............. 1/2片
ジャガイモ（くし形）..................... 1個
ニンジン（輪切り）.................... 1/4本
ナス（縦に四つ切り）................... 1本
ピーマン........................... 1個
トマト（大）（くし形）................. 1/2個
バジルの葉............................. 2枚
　　　　　　　　　　≫ ドライでもOK
唐辛子（粉）........................... 少々
オリーブオイル ............... 大さじ1
塩..................................... 少々
水.............................. カップ1/4

‖ 作り方 ‖
❶ みじん切りにしたニンニクとオリー
　ブオイルを深めのフライパンに入
　れて弱火で熱する。
❷ ジャガイモ、ニンジン、ナス、ピーマ
　ン（まるごと）の順で加えながら炒
　める。
❸ トマトを加える。
❹ 塩を加えてふたをして、10分煮る。
❺ バジル、水、唐辛子を加えてひと混
　ぜし、さらに蓋をして10分煮る。

# ナスの
# ローズマリー風味

ナスは油と相性がいいので炒めものにはぴったり。
写真は小さく切っていますが、
ごろごろ大きめの乱切りにしてもOK。
ローズマリーの香りがとてもイタリアンらしい一品です。

|| 材料 ||（1人分）

ナス（乱切り）.....................1本
ローズマリー .........................枝1本
ガーリックオイル（P.4）....... 大さじ2
ワインビネガー ....................小さじ1
　　　　　　　　≫ 酢でもOK
塩..........................................少々

|| 作り方 ||

❶ ナスは10分程度水に浸けたあとに水気を切っておく。

❷ フライパンにガーリックオイルとローズマリーを弱火で熱し、ローズマリーの風味をオイルにつける。ローズマリーが茶色くなったら取り出す。

❸ ②に①を入れ、中〜強火で炒め、油がしみこみ、表面に焦げ色が少しついたら塩とワインビネガーを加え、強火で酸味を少しとばす。

# Meranzane al Rosemarino

# そばパスタ

イタリアにも、形は違いますが、
ピッツォケリというそば粉の
パスタがあります。
乾麺のそばがあったら、
たまには趣向を変えてみるのも
いいですね。

‖ 材料 ‖（1人分）

そば .........................1把（100g程度）
ホウレンソウ（2センチに切る）....2株
そばの茹で汁............レードル1杯分
ガーリックオイル（P.4）........ 大さじ2
塩................................................適量

‖ 作り方 ‖

❶ そばはやや硬めに茹で、流水でぬ
　めりをよくとる。
❷ ホウレンソウはそばを茹でたお湯
　でさっと湯がき、しっかりと水気を
　切る。
❸ フライパンにガーリックオイルを
　熱し、ホウレンソウと塩を入れて炒
　める。
❹ そばと茹で汁レードル1杯分を加え
　てよく炒め、塩で味を調える。

# Pizzocheri Giapponesi

## 明太子とキャベツの ペペロンチーノ

明太子は日本の特産物で、明太子スパゲッティは
全国津々浦々馴染み深いメニューです。
〆の一品にもぴったりの塩気。
オリーブオイルをたっぷり使ってイタリア風に
仕上げてください。

|| 材料 ||（1人分）

明太子 ...............................ひと腹分
キャベツ ................................1/8個
スパゲッティ ...........................100g
ガーリックオイル（P.4）.........大さじ1
唐辛子オイル（P.4）..............小さじ1

|| 作り方 ||

❶ スパゲッティとキャベツを一緒に
　茹でる。

❷ フライパンにガーリックオイルを
　熱し、袋から絞りだした明太子を
　加える。

❸ 水気を残したままのスパゲッティ
　とキャベツをフライパンに移す。

❹ 強火で乳化させるように、炒め和え
　る。

Spaghetti al
MENTAIKO

45

# 豚肉のペペロンチーノ丼

**‖ 材料 ‖（1人分）**

豚バラスライス肉......................5枚
ガーリックオイル（P.4）.........大さじ1
唐辛子オイル（P.4）..............小さじ1
塩.............................................適量
ごはん......................... 茶わん1杯分

**‖ 作り方 ‖**

❶ 豚バラスライスは、食べやすいように4〜6等分にしておく。
❷ フライパンにガーリックオイルを熱し、①を炒め、塩で味をつける。
❸ 唐辛子オイルを加えてよく和える。
❹ 丼に盛ったごはんにのせる。

〆にはやっぱりタンパク質と炭水化物を組み合わせたガッツリ系がいいという人には、ピリ辛のペペロンチーノ丼を！

Piatto di Maiale al
Peperoncino

## 材料 （1人分）

ファルファッレ ......................... 60g
　≫ その他ショートパスタでもOK
ヨーグルト................................. 30g
　≫ リコッタ、マスカルポーネ、
　　クリームチーズでもOK
オレンジ ..................................1/4個
　≫ レモンでもOK

## 作り方

❶ ファルファッレは塩を加えた湯で
　茹で、水気を切る。
❷ ボウルに①とヨーグルト、オレンジ
　のしぼり汁を入れて混ぜる。
❸ 盛り付けには好みでオレンジのス
　ライス（分量外）やミントやバジル、
　イタリアンパセリの葉（分量外）を
　飾る。

# オレンジ風味の
# ファルファッレ

シチリアで巡り合った一皿。
蝶々の形のショートパスタを使います。
柑橘類のほのかな甘さや爽やかさ、
酸味が絶妙にマッチした、
デザートみたいなパスタ料理です。

# Farfalle all' Arancia

# カポナータ ごはん

南イタリアの代表的な野菜料理、カポナータ。
作り置きしておけば、
いつでも簡単にカポナータごはんに。
野菜たっぷり、ヘルシーな〆の一品にどうぞ。

‖ 材料 ‖（2人分）

| | |
|---|---|
| ナス（一口大） | 1本 |
| タマネギ（一口大） | 1/4個 |
| パプリカ（一口大） | 1/4庫 |
| ズッキーニ（一口大） | 1/4個 |
| ニンニク（みじん切り） | 1/2片 |
| トマトソース（P.5） | 大さじ3 |
| オリーブオイル | 大さじ3程度 |
| 塩 | 小さじ1 |
| ごはん | 茶わん1杯分 |
| バジル | 適量 |

‖ 作り方 ‖

❶ フライパンにオリーブオイルを熱し、ニンニクを加えて弱火にかける。

❷ 香りがたったら、野菜を入れて強火で炒める。

❸ 油が馴染んだら、塩をふり、トマトソースを加えて、蓋をして10分蒸し煮にする。

❹ 器にごはんと一緒に盛り、バジルを飾る。

# Piatto Caponata

## 材料 (1人分)

| | |
|---|---|
| ニンニク(薄切り) | 2片 |
| 唐辛子 | 1本 |
| 生ハム | 1枚 |
| 水 | カップ1 |
| 固形スープの素 | 1/2個 |
| 卵 | 1個 |
| オリーブオイル | 大さじ1 |
| 塩・ブラックペッパー | 少々 |

## 作り方

❶ スライスしたニンニクと唐辛子、刻んだ生ハムをオリーブオイルでゆっくり炒める。

❷ 十分香りがたち、ニンニクに火が通ったら水と固形スープの素を加えてひと煮立ちさせる。

❸ 塩・ブラックペッパーで味を調える。

❹ 溶き卵を流し入れる。

# ニンニクスープ

イタリア各地にはいろいろな
ズッパ・サンテ(健康のスープ)があります。
これもそのひとつ。
ニンニクと卵で元気になってください。

# Zuppa di Aglio

# キノコのスープ

イタリアの食事のカテゴリーでは、スープはパスタ同様、主食的な扱いになります。
キノコを使って、簡単なクリームスープの作り方を覚えましょう。

‖ 材料 ‖（2人分）

キノコ類（マッシュルーム、シイタケ、しめじなど）..............................100g
タマネギ（細切り）...................1/8個
イタリアンパセリ（みじん切り）.....1枝
牛乳 ..............................カップ1/4
固形スープの素 ....................1/2個
水.....................................カップ1
パルメザンチーズ ................小さじ1
オリーブオイル ...................大さじ1

‖ 作り方 ‖

❶ フライパンにオリーブオイルを入れ、タマネギをよく炒め、続いてキノコ類を入れて炒める。

❷ ①に水と固形スープの素を加え、キノコ類がやわらかくなる程度に加熱する。

❸ ②を火からおろし、冷めたらをミキサーにかける。

❹ ③を鍋に戻して弱火にかけ、牛乳を加えて最後にパルメザンチーズを加える。

❺ 器に盛り、イタリアンパセリを飾る。

# Crema di Funghi

ごはん **12**

# ミネストローネ

イタリアン定番の野菜スープ。
具になる野菜にルールはありません。
ここで紹介する材料は一例として、
冷蔵庫にある野菜でどんどんアレンジしてください。

‖ 材料 ‖（2人分）

| | |
|---|---|
| ニンニク | 1/2片 |
| ジャガイモ | 1/2個 |
| タマネギ | 1/2個 |
| ニンジン | 1/4本 |
| パプリカ | 1/8個 |
| オリーブオイル | 大さじ1 |
| トマトソース（P.5） | 大さじ1 |
| パルメザンチーズ | 小さじ1 |
| 固形スープの素 | 1個 |
| 水 | カップ1・1/2 |
| 塩・コショウ | 適宜 |

‖ 作り方 ‖

❶ 野菜類は皮をむき、1センチ角に切る。

❷ フライパンに、みじん切りにしたニンニクとオリーブオイルを入れて弱火にかける。

❸ ①の野菜を入れて炒める。

❹ トマトソースを入れてひと混ぜしたら、水と固形スープの素を入れて弱火で煮る。

❺ 15分程度で煮込み、塩・コショウで味を調える。

❻ 器に盛り、パルメザンチーズをかける。また、好みでバジルの葉（分量外）を飾ってもOK。

Minestrone

※本書では、一般に売られている粉チーズをパルメザンチーズと表記しています。

# 焼リゾットの
# ブロードかけ

焼リゾットにソースをかけ、最後はブロードで。ひつまぶしのように、
一度に3つの味わいが楽しめます。作り置きを利用した
お手軽おもてなし料理です。

‖ 材料 ‖（1人分）

[A]
- 冷ごはん ................. 茶わん1杯分
- 卵 ..................................... 1個
- パルメザンチーズ ......... 大さじ1.5
- オリーブオイル ................. 大さじ1
- ミネストローネの具（P.51）..............
  ........................... レードル1杯分

[B]
- 固形スープの素 ................... 1個
- 水 .................... カップ1・1/2

‖ 作り方 ‖

❶ 焼リゾットを作る。[A]をよく混ぜ
る。

❷ フライパンにオリーブオイルを熱
し、①を直径15センチ程度の円に
し、厚さを均等にする。

❸ フライパンに接した面がきつね色
になったらひっくり返し、両面を焼
く。

❹ ブロードを用意する。[B]を火にか
けるか、電子レンジで加熱する。

❺ ③を皿に盛り、ミネストローネの具
をかける。

❻ ⑤を一口味わった後に、ブロードを
かける。

Sformato
di Riso con
Verdure
e Brodo

Capellini in Brodo

‖ 材料 ‖（1人分）

アサリ .........................カップ1ほど
素麺 .....................1把（100gくらい）
乾燥青海苔 ..........................大さじ1
プチトマト ................................2個
水 ........................................カップ2
塩 ............................................少々

‖ 作り方 ‖

❶ アサリをよく洗い、鍋に水と一緒に入れ、弱火にかけ、出汁を作る。
❷ 素麺は茹でる。
❸ ①に塩を加えて味を調える。
❹ ③に②と青海苔を加えてひと煮立ちさせ、器に盛る。
❺ 刻んだプチトマトを飾る。

# スープ仕立てのカペッリーニ

〆はやっぱり汁ものがいいという人には、
アサリでとった出汁のあっさりスープのパスタをどうぞ。
ここではカペッリーニによく似た素麺を使っています。
最後にオリーブオイル（分量外）を
まわしかけるとより風味がよくなります。

# キノコのパスタ

煮込んだキノコを具にしたパスタ。
パスタの種類はスパゲッティがよく合います。
キノコ煮込みは作り置きしておけば、
サラダやおつまみにもなる便利な一品です。

‖ 材料 ‖（1人分）

| | |
|---|---|
| オリーブオイル | 大さじ1 |
| ニンニク | 1/2片 |
| いろいろなキノコ | カップ3くらい |
| スパゲッティ | 100g |
| 固形スープの素 | 1個 |
| 水 | 300cc |
| 塩・コショウ | 適宜 |

‖ 作り方 ‖

❶ キノコはスライスまたは小口に切っておく。
❷ オリーブオイル、ニンニクを鍋に入れ、ニンニクがきつね色直前まで熱する。
❸ ①のキノコを加えてさっと炒める。
❹ 固形スープの素と水を加えて、中火で10〜15分煮込む。
❺ 塩・コショウで味を調える。
❻ 塩を加えた湯でパスタを茹でる。
❼ パスタとレードル1杯分の茹で汁を⑤に加え、よく和える。
❽ 皿に盛り、イタリアンパセリを飾る。

Pasta ai Funghi

# Spaghetti con Crema di Caramari

# イカの塩辛パスタ

日本の特産物である塩辛は、オリーブオイルで炒めると、
塩辛とは思えない
イタリアンな味わいに変身します。

‖ 材料 ‖（1人分）
イカの塩辛............................ 大さじ2
スパゲッティ........................... 100g
茹で汁 ...................... レードル1杯分
水菜（2センチに切る）............ 1/2株
ガーリックオイル（P.4）........ 大さじ1

‖ 作り方 ‖
❶ スパゲッティを茹でる。
❷ フライパンにガーリックオイルを
　熱し、塩辛を入れたら弱火で加熱
　する。
❸ スパゲッティと茹で汁を加え、よく
　和える。
❹ 皿に盛り、水菜を飾る。

# 野沢菜のパスタ

〆の炭水化物も、野沢菜などの漬物と一緒なら、
胃にもたれないあっさり系に仕上がります。
オリーブオイルを加えて、風味よく仕上げてください。

‖ 材料 ‖（1人分）

野沢菜漬け .................... カップ1ほど
スパゲッティ ........................... 100g
オリーブオイル ................. 大さじ2

‖ 作り方 ‖

❶ スパゲッティを茹でる。

❷ フライパンにオリーブオイルを熱し、細かく刻んだ野沢菜漬けを入れて炒める。

❸ 水気を残したままのスパゲティを②入れる。

❹ 強火で乳化させるように、炒め和える。

Spaghetti con
NOZAWANA

# おつまみ

# 13

フランスと肩を並べるワイン大国イタリア。
イタリア人にとってワインは食中酒ですが、
晩酌文化のある日本人にとって、
お酒にはおつまみが必要。
ワインだけでなく、ビールにも、
なかには日本酒や焼酎にも合いそうな
おつまみを作ってみました。
お酒とおつまみで、楽しいひとときを！

‖ 材料 ‖（1人分）
パルメザンチーズ ................ 大さじ2

‖ 作り方 ‖

❶ フライパンを熱し、チーズ大さじ1ずつを直径8センチ程度の円に広げる。

❷ 弱火で熱し、チーズが溶けてフライパンに接した面にうっすら焦げ色がついたら、ひっくり返す。

❸ もう片面にも焦げ色がついたら、皿に取り冷ます。

# クリスピー・パルミジャーノ

冷蔵庫で忘れられがちのパルメザンチーズを使って、
美味しいおつまみを作りましょう。
ただ焼けるのを待つだけ。
ビールにワイン、最高のおつまみに変身します！

# Croccante di Parmigiano Reggiano

※本書では、一般に売られている粉チーズをパルメザンチーズと表記しています

# オープンサンド

オープンサンドにルールはなし。つまりオープンマインドです。
ここではロールパンと
冷蔵庫にありそうな食材を使って作りました。

|| 材料 ||（1人分）

バターロール..............................1個
白カビチーズ ..........................2切れ
　　　　　≫その他チーズでもOK
マーマレード ........................小さじ1
　　　　　≫ハチミツやジャムでもOK
生ハム..............................1/2枚
　　　　　≫ハムでもOK
スライスチーズ ......................1/2枚
　　　　　≫その他チーズでもOK

|| 作り方 ||

❶ バターロールの端を少し切り落と
し、4等分にする。
❷ トースターで軽く焼いた①のうち2
枚に白カビチーズ、1枚に生ハムと
スライスチーズをのせ、チーズが
とろけるまでトースターで加熱す
る。
❸ 残りの1枚は生ハムとスライスチー
ズの上にのせる。白カビチーズの
上にはマーマレードをのせる。

Pane Bruschetta

# パンのサラダ

## （パンツァネッラ）

パンツァネッラというパンのサラダ。
イタリアではパンは固くなっても大事に食べますが、
こんなふうにも変身！
夏の暑い時期にぴったりの爽やかサラダです。

‖ 材料 ‖（1人分）

| | |
|---|---|
| 固くなったパン | 30g |
| キュウリ | 1/4本 |
| 赤タマネギ | 1/4個 |
| ≫ タマネギでもOK | |
| トマト（小） | 1個 |
| バジル | 1枚 |
| ≫ ドライでもOK | |
| 水 | カップ1 |
| 白ワインビネガー | 大さじ2 |
| ≫ 酢でもOK | |
| オリーブオイル | 大さじ1 |
| 塩 | 少々 |
| ブラックペッパー | 適宜 |

‖ 作り方 ‖

❶ 水と白ワインビネガーをボウルに入れ、パンを浸してやわらかくする。

❷ キュウリ、赤タマネギ、トマトを細かく切って、ボウルに入れる。

❸ ①のパンをギュッと絞って水分を切り、細かくほぐして②のボウルに加える。

❹ 塩とブラックペッパーをふりかけてよく混ぜる。

❺ オリーブオイルを回しかけて混ぜたら、冷蔵庫に入れてよく冷やす。

❻ 食べる直前に、ちぎったバジルを加える。

Panzanella

# トマトと
# 茹で卵のサラダ

トマトとアンチョビ、茹で卵とアンチョビ。
最高に美味しい組み合わせをダブルで!
材料さえあれば、手がかからずに
作れる一品です。

‖ 材料 ‖(1人分)

トマト(一口大).........................1個
卵..................................................1個
[ドレッシング]
A)ニンニク.........................1/4片
A)オレガノの枝.....................1枝
　　≫ドライorお好みのハーブで
A)バジルの葉.........................1枚
　　≫ドライorお好みのハーブで
B)オリーブオイル...............小さじ1
B)ワインビネガー...............小さじ1
B)塩・ブラックペッパー..........少々

‖ 作り方 ‖

❶卵は茹でて細かく刻む。
❷ドレッシングのAを一緒にみじん切りにし、Bと混ぜる。
❸トマトと②をボウルに入れて和え、器に盛る。
❹①を③の上にふりかける。

Insalata di Pomodoro e Uovo con salsa di Acciughe

# お米のサラダ
（バルサミコ風味/マヨネーズ風味）

日本では主食であるお米。
イタリアではリゾットにする以外は、
サラダ感覚で食べています。
パスタ同様、茹でて使いますが、
日本ですから炊いたごはんで作ってしまいましょう。

‖ バルサミコ風味 材料 ‖（1人分）

冷ごはん ......................................... 25g
パプリカ（5ミリ角）.................. 1/8個
タマネギ（細切り）...................... 1/8個
トマト（小）（5ミリ角）..................... 1個
エビまたはイカ ...........................適宜
[ドレッシング]
オリーブオイル .................... 小さじ1
ワインビネガー................. 小さじ1/2
　　　 》 すし酢でもOK
バルサミコ ............................... 少々
　　　 》 しょうゆでもOK
塩・コショウ ............................. 少々

‖ 作り方 ‖

❶ タマネギは水にさらす。エビまたは
　 イカはボイルして細かく刻む。

❷ ドレッシングの材料をよく混ぜ、
　 塩・コショウで味を調える。

❸ 冷ごはん、①、パプリカ、トマト、②
　 をボウルに入れてよく混ぜる。

## Insalata di Riso

## Tofu con salsa di Acciughe

‖ 材料 ‖（1人分）
豆腐（小）........................1パック
ガーリックオイル（P.4）.........大さじ1
アンチョビフィレ ....................1切れ

‖ 作り方 ‖

❶ ガーリックオイルに、細かく刻んだ
　アンチョビフィレを入れてよく混
　ぜる。

❷ よく水気を切った豆腐を器に盛り、
　①をかける。

# 豆腐の
# アンチョビガーリック

イタリアでもヘルシー食品として人気の豆腐。
いつものお醤油を
アンチョビガーリックソースに替えるだけで、
あっという間にイタリア風に！

---

### おつまみ 05 b

‖ マヨネーズ風味 材料 ‖（1人分）
冷ごはん ...............................25g
メロン（小）（1センチ角）...........1切れ
生ハムスライス ........................1枚
塩............................................少々
マヨネーズ ...........................大さじ1

‖ 作り方 ‖

❶ 生ハムは食べやすい大きさに切る。

❷ 冷ごはんをマヨネーズで味付けし、
　よく混ぜる。塩気が足りなければ
　塩で味を調える。

❸ メロンと生ハムと②を混ぜる。

# なんでもサラダ
（インサラトーナ）

インサラトーナは、いろいろな具が入っている大盛りサラダ。
イタリアでは、これでランチを済ませる人もいます。
おつまみに、ごはんのおかずにもなる一品です。

Insalatona

‖ 材料 ‖（1人分）

| | |
|---|---|
| 緑の葉もの野菜 | 3枚くらい |
| トマト | 1/2個 |
| モッツァレッラチーズ | 25g |
| ≫ 他のチーズでもOK | |
| オリーブ | 4粒 |
| ツナ缶（小） | 1/2缶 |
| キノコ煮込み（P.54） | 大さじ2 |
| ≫ ザワークラウトなどでもOK | |
| バルサミコ | 小さじ1/2 |
| オリーブオイル | 小さじ1 |
| 塩・ブラックペッパー | 少々 |

‖ 作り方 ‖

❶ 野菜類、モッツァレッラチーズは食べやすい大きさに切る。

❷ 大きなボウルに①とオリーブ、油（水気）を切ったツナ、キノコ煮込みをざっくり混ぜる。

❸ 塩、ブラックペッパー、バルサミコ、オリーブオイルをかけていただく。

# チキンとメカジキの ケッカソースかけ

便利な作り置き「ケッカソース」(P.20)を
使ったメニューです。
グリルしたチキンやメカジキのカツレツと
ケッカソースはよく合います。

‖ メカジキ材料 ‖ (I人分)

メカジキ(一口大) ..................... 100g
小麦粉 ................................... 大さじI
溶き卵 ...................................... 適量
パン粉 .................................... 大さじ2
オリーブオイル ........................ 適量
　　　　　 》 サラダオイルでもOK
塩・コショウ ............................. 適量
ケッカソース ...................... 大さじ2

‖ 作り方 ‖

❶ メカジキに塩・コショウをし、小麦
　粉をまぶし、溶き卵をくぐらせ、パ
　ン粉をよくつける。
❷ フライパンに深さIセンチ程度のオ
　リーブオイルを入れて熱する。
❸ ①を②に入れ、途中ひっくり返して
　揚げ焼きにする。
❹ 器に盛り、ケッカソースをかける。

‖ チキン材料 ‖ (I人分)

鶏もも肉(一口大) ..................... 100g
オリーブオイル ..................... 大さじI
塩・コショウ ........................... 適量
ケッカソース(P.20) ........... 大さじ2

‖ 作り方 ‖

❶ 鶏もも肉に塩・コショウをする。
❷ フライパンにオリーブオイルを熱
　し、①を入れて中火で焼き色をつ
　ける。
❸ 蓋をして、弱火でI0分程度加熱す
　る。
❹ 器に盛り、ケッカソースをかける。

Pollo Griglia
Cotoletta di P
Spada con
ecca

‖ 材料 ‖（1人分）
バナナ...............................1本
生ハム...............................1枚
オリーブオイル ...................小さじ1
リコッタチーズ................大さじ1強
　　　　　》 生クリームや
カッテージチーズでもOK
‖ 作り方 ‖
❶ バナナの皮をむき、生ハムを巻く。
❷ フライパンにオリーブオイルを引き、バナナを転がしながら焼く。
❸ 生ハムに軽く焼き色がついたら、皿に盛り、リコッタチーズを添える。

# Involtini di Prosciutto e Banana

# バナナの生ハム焼き

バナナを焼くとはお菓子のようですが、
生ハムがプラスされると、甘くてしょっぱいお料理に。
リコッタチーズを添えて、ワインのおともにオススメです。

# キウイカップで イカのタルタル

イタリアでは食事の材料に果物を使うことがしばしば。
これは僕のオリジナル。
イカをキウイフルーツの爽やかな酸味と塩だけの
シンプルな味付けでいただきます。

# Kiwi con Tartare di Calamari

‖ 材料 ‖（1人分）
イカ（細切り）............................. 30g
キウイフルーツ ...................... 1/2個
塩............................................. 少々

‖ 作り方 ‖

❶ キウイフルーツは半分に切り、中を少しくり抜いてカップを作る。

❷ くり抜いたキウイは粗みじん切りにする。

❸ ②とイカをよく混ぜ、塩で味を調える。

❹ ③を①のカップに盛る。トマト（分量外）を刻んで添えてもOK。

# 納豆と油揚げのトマトソース

納豆と油揚げは日本の食べ物で、冷蔵庫にはありがちな食品。
アンチョビやガーリックオイル、トマトソースなどで、
イタリアンに変身させます！

## 材料 (1人分)

| | |
|---|---|
| 納豆 | 小1パック |
| 油揚げ | 1枚 |
| ガーリックオイル (P.4) | 大さじ1 |
| アンチョビフィレ | 1切れ |
| トマトソース (P.5) | 大さじ3 |
| イタリアンパセリ | 適量 |

## 作り方

❶ 細かく刻んだアンチョビとガーリックオイルを混ぜる。

❷ 納豆と①をよく混ぜる。

❸ 油揚げを半分に切り、それぞれに②を半分ずつ詰める。

❹ 楊枝で③の口を縫うように止める。

❺ オーブントースターで④をこんがり焼く。

❻ 皿にトマトソースを敷き、その上に⑤を盛る。彩りよくイタリアンパセリを飾る。

Calzone di Tofu al Natto

# ダイコンの
# オープンラザニア

型に入れず、オーブンで焼かず、
パスタを使わず、ダイコンを使ったヘルシーな
ラザニアに仕上げました。

Lasagna di
Daikon

‖ 材料 ‖（1人分）

ダイコン ..................... 1センチくらい
鶏肉 ........................................ 30g
ベーコン .................................... 1枚
トマトソース（P.5）.............. 大さじ2
オリーブオイル ................... 大さじ1
塩 ............................... 小さじ1/2

‖ 作り方 ‖

❶ ダイコンは、スライサーで5枚にスライス。これを皿に並べ、塩をふっておく。

❷ ベーコンと鶏肉は1センチ角程度に切っておく。

❸ フライパンにオリーブオイルを熱し、②を炒める。トマトソースを加えて鶏肉に火が通るまで炒める。

❹ キッチンペーパーやふきんを使って、①のダイコンの水気をとる。

❺ 皿にダイコンと鶏肉炒めを3層に重ね、最後はダイコンをのせる。

❻ 残った1枚のダイコンで残りの鶏肉炒めを巻いて一緒に皿に盛る。

## ゼッポリーネ・オリジナル

‖ 材料 ‖（1人分）

薄力粉 ..................................カップ1/2
ベーキングパウダー..........小さじ1/2
塩..........................................小さじ1/2
水 ........................................カップ1/4
生海苔 ....................................大さじ1
　　≫焼海苔、乾燥あおさでもOK

‖ 作り方 ‖

❶ 薄力粉、ベーキングパウダー、塩を
　混ぜ、水を足しながらよく混ぜる。
❷ ①をひとつにまとめて常温で20分
　おく。
❸ ②の中に生海苔を加え、よく混ぜ
　る。
❹ ③を水で濡らしたスプーンですく
　い、油で揚げる。

# 海藻の揚げピッツァ

（ゼッポリーネ）

# Originale

## 焼きゼッポリーネ

‖ 作り方 ‖

❶ オリーブオイル（大さじ2）を入れた
　フライパンを中火にかける。
❷ オリジナルの生地を水で濡らした
　スプーンですくい、等間隔でフライ
　パンに落とす。
❸ 生地の両面を焼く。
❹ 火が通ったかどうかは、竹串（楊枝）
　を刺して、生地がつかなかったら
　OK。

# Zeppoline

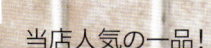

当店人気の一品！
ピザ生地に生海苔を練りこんだ生地を揚げた
ナポリの郷土料理です。
でも、揚げるのは面倒だなぁ〜という方のために、
フライパンで焼いてみました。
カリッ、モチッとした食感が楽しめます。
シラスとエビを入れたアレンジバージョンにも、
トライしてください。
ビールにもワインにもよく合います。

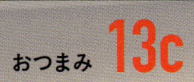

## おつまみ 13c

### シラスの焼きゼッポリーネ

‖ 作り方 ‖

❶ オリジナルの材料の生海苔をシラスに替えて、生地を準備する。
❷ オリーブオイル（大さじ2）を入れたフライパンを中火にかける。
❸ ①を水で濡らしたスプーンですくい、等間隔でフライパンに落とす。
❹ 生地の両面を焼く。
❺ 火が通ったかどうかは、竹串（楊枝）を刺して、生地がつかなかったらOK。

## おつまみ 13d

### エビ入り焼きゼッポリーネ

‖ 作り方 ‖

❶ オリーブオイル（大さじ2）を入れたフライパンを中火にかける。
❷ オリジナルの生地を水で濡らしたスプーンですくい、等間隔でフライパンに落とす。
❸ それぞれの生地の上に、押し込むようにしてにエビ（分量外）をのせる。
❹ 生地の両面を焼く。
❺ 火が通ったかどうかは、竹串（楊枝）を刺して、生地がつかなかったらOK。

# 冷蔵庫 にあるもの だけで作れる
# 簡単イタリアン

## 横山 修治

**オステリア ラ ブーカ ディ ミタ**
**オーナーシェフ**

横浜市出身。25歳でイタリア料理の道へ。1999年渡伊。マルケ州のレストランで修業ののち、イタリア全土を食べ歩く。都内有名店などを経て、2013年、東京都港区、慶応仲通商店街（田町駅すぐ）にて開店。

## Osteria La Buca di Mita

オステリア ラ ブーカ ディ ミタ
東京都港区芝 5-21-15
（慶応仲通り商店街内）
TEL：03-6809-6079
https://www.la-buca.tokyo/